www.tredition.de

AF196937

# Mediennutzung von Kindern und Jugendlichen

## Für einen gesunden Umgang mit neuen Medien

## HANDBUCH

Herausgeber: © 2021 ElternLeben.de

Verlag & Druck: tredition GmbH
Halenreie 40-44, 22359 Hamburg

ISBN
Paperback:                          978-3-347-34784-7
Hardcover:                          978-3-347-34785-4
E-Book:                             978-3-347-34786-1

## ÜBER ELTERNLEBEN.DE

ElternLeben.de ist ein digitales Angebot für alle Mütter und Väter. Die Online-Plattform begleitet Eltern in den verschiedenen Phasen von der Schwangerschaft bis zum Teenageralter ihrer Kinder. Sie bietet einen großen **Wissensbereich** („Elternwissen"), der Artikel, Tipps, Interviews, Videos und vieles mehr verfügbar macht. Diese Inhalte werden von Experten aus unterschiedlichen Fachrichtungen verfasst. Hier fließt Expertise und Erfahrungswissen zusammen. In der **Online-Beratung** werden Eltern zu allen Eltern-Themen von Fachleuten schnell und professionell beraten. Der Bereich **Angebote vor Ort** verbindet Eltern mit lokalen Angeboten (Kurse, Beratung etc.) ganz in ihrer Nähe. Eine **Community** und der Aufbau des Bereichs **Häufig gestellte Elternfragen** runden das Gesamtangebot der Plattform ab. **www.elternleben.de** ist ein digitales Angebot der gemeinnützigen wellcome gGmbH mit Hauptsitz in Hamburg. Der Erlös der Handbücher kommt ausnahmslos der gemeinnützigen Arbeit zugute.

## ÜBER DIE AUTORIN

Dr. Martina Stotz ist auf ElternLeben.de Expertin rund um **schulische Probleme und familiäre Herausforderungen** und berät zu diesen Themen in unserer Online-Beratung. Darüber hinaus schreibt sie Inhalte für unseren **Wissensbereich** („Elternwissen"). Sie ist Doktorin der Familienpsychologie und Expertin bei allen Geschwister- sowie Partnerschaftsthemen. Im Bereich der Schulpsychologie berät sie bei ADHS/ADS, Schul- und Prüfungsangst, Konzentrations- und Motivationsproblemen, LRS und Verhaltensauffälligkeiten. Sie hält Erziehungskurse und Vorträge für Eltern sowie Fortbildungen für Pädagogen in München (Thema: „Achtsame Kommunikation mit Kindern"). Auf ihrem Blog „Mein Erziehungsratgeber", Instagram und YouTube berichtet sie zu ihren Herzensthemen und bietet telefonische Einzelberatung an Ihre Vision ist es, dass Familien und Pädagogen in unserer Gesellschaft mehr Unterstützung bekommen, damit Kinder gewaltfrei und emotional gesund heranwachsen können. „In jedem Konflikt steckt eine große Chance, sich positiv weiterzuentwickeln!"

# INHALTSVERZEICHNIS

EINLEITUNG ..................................................... 10

1. KAPITEL – Achtsame Nutzung digitaler Medien im Kleinkind- und KiTa-Alter .................................... 13

Richtwerte – Dauer & Auswahl von Medien fürKinder unter 3 Jahren ................................................................. 13

Eltern als Vorbild im KiTa- und Kleinkindalter ................... 16

2. KAPITEL – Achtsame Nutzung digitaler Medien im Grundschulalter ................................................. 18

Die Grundschulzeit als wertvolle Entwicklungsphase für das Erlernen eines achtsamen Umgangs mit Medien ................ 18

Chancen digitaler Medien durch Medienkompetenz aufzeigen ...... 21

Risiken und Gefahren digitaler Medien vermitteln ................ 23

Eltern als Vorbild im Grundschulalter ........................... 24

Richtwerte zur Dauer und Auswahl von digitalen Medien im Grundschulalter ............................................... 26

Mediensucht im Grundschulalter vorbeugen – 2 Strategien ......... 29

3. KAPITEL – Achtsame Nutzung digitaler Medien im Jugendalter ...................................................... 39

Risiken und Gefahren digitaler Medien im Jugendalter...............39

Wie Eltern im Jugendalter begleiten können........................45

Wie Eltern Mediensucht frühzeitig erkennen können...............59

Professionelle Unterstützung bei Medienabhängigkeit............62

4. KAPITEL – Zusammenfassung und Fazit....................... 65

# EINLEITUNG

Digitale Medien sind in unserer Gesellschaft nicht mehr wegzu-
denken. Sie bestimmen unseren Alltag und darüber auch den
Alltag von Kindern.

Schon ab dem Kleinkindalter sind Kinder gefesselt von digitalen
Medien. In der weiteren kindlichen Entwicklung kommen
Smartphones, Games, Videos und soziale Netzwerke hinzu, die
für Kinder und insbesondere für Jugendliche besonders reizvoll
und spannend sind.

Nicht selten führt das dazu, dass Kinder und Jugendliche von
digitalen Medien in einen Bann gezogen werden und nur noch
schwer selbstständig davon loslassen können.

Vor allem Smartphones, Computerspiele und das Internet ber-
gen erhöhtes Abhängigkeitspotential. Entwicklungschancen
können durch exzessive Mediennutzung beeinträchtigt werden
und langfristig gesundheitliche Schäden hervorrufen, weshalb
es dringend nötig ist, Kinder für einen achtsamen Umgang mit
Medien zu sensibilisieren.

Nicht selten sind digitale Medien bereits ab dem Grundschulalter oder spätestens ab dem Jugendalter für Kinder ein wichtiger
Bestandteil ihres Lebens. Durch Chats und soziale Netzwerke
fühlen sich Kinder ihren Freunden nahe. Da die Zugehörigkeit
zur Peergroup in diesem Alter ganz besonders bedeutend für
die Entwicklung ist, bringt dies Eltern nicht selten in ein großes
Dilemma. So möchten sie ihr Kind natürlich nicht aus dieser

Gruppendynamik ausgrenzen und ihr Kind gleichzeitig vor exzessiver Mediennutzung schützen.

Bereits sehr früh entstehen deshalb große Konflikte zwischen Eltern und Kindern, wenn es um die Begrenzung von Medienzeit geht. Das Kind ist frustriert und spürt noch nicht, wann ein gesundes Maß überschritten wurde.

Eltern sind verunsichert, an welcher Stelle sie ihrem Kind eine klare Grenze aufzeigen sollen und ab wann sie ihr Kind durch diese Begrenzung aus der sozialen Peergroup ausschließen. Steigende Zahlen von Medienabhängigkeit, insbesondere im Jugendalter bis ins hohe Erwachsenenalter, zeigen, wie dringend Eltern Unterstützung benötigen, um ihre Kinder rechtzeitig sicher begleiten zu können.

Dieses Handbuch gibt deshalb klare und praktische Anregungen für jede Entwicklungsphase, was Eltern tun können, um ihren Kindern einen achtsamen Umgang mit Medien zu vermitteln.

Hierzu gehört zum einen Medienkompetenz zu vermitteln und zum anderen klare fürsorgliche Begrenzungen festzulegen sowie Alternativen anzubieten, die das Kind vor einer Medienabhängigkeit schützen.

Eltern lernen durch dieses Handbuch, wie sie ihre Kinder von Beginn an und in jeder Entwicklungsphase für den achtsamen Umgang mit digitalen Medien sensibilisieren können. Die Wahrscheinlichkeit, dass ein Kind mit zunehmendem Alter anfällig für eine Medienabhängigkeit ist, sinkt nämlich maßgeblich darüber, wie ein Kind in der Kleinkind- KiTa- und Grundschulzeit von seinen Bezugspersonen begleitet wird.

Für eine bestimmte und liebevolle Medienerziehung bekommen Eltern durch dieses Handbuch ausreichend Wissen, um in Konfliktsituationen konsequent bleiben zu können und dabei zu wissen: "Ich tue das Richtige für mein Kind und beschütze es durch das Eingrenzen der Medienzeit!".

Nicht selten gelingen viele elterliche Bemühungen, einen bewussten Medienkonsum zu vermitteln, trotzdem nicht oder nur schwer. Deshalb zeigt dieses Buch auch ausführlich Auswege auf, wie Eltern ihr Kind aus exzessiver Mediennutzung heraus begleiten können.

Der Fokus in diesem Buch liegt deshalb auf den Jugendlichen, da diese Entwicklungsphase als besonders riskant für die Entwicklung einer Medienabhängigkeit gilt.

# 1. KAPITEL – ACHTSAME NUTZUNG DIGITALER MEDIEN IM KLEINKIND- UND KITA-ALTER

## RICHTWERTE ZUR DAUER UND AUSWAHL VON MEDIEN FÜR KINDER UNTER 3 JAHREN

Aus entwicklungspsychologischer Perspektive sind digitale Medien *unter ca. 2 bis 3 Jahren* nicht zu empfehlen.

Reize von außen werden in dieser Entwicklungsphase besonders fokussiert wahrgenommen und im Gehirn verarbeitet. Die Hirnreife des Kindes ist gleichzeitig noch sehr gering, weshalb Kinder mit Reizen, die von digitalen Medien ausgehen, überfordert sind.

Es empfiehlt sich also wirklich frühestens ab dem ca. 2. Lebensjahr sehr bewusst ausgesuchte Hörmedien oder sehr kindgerechte Apps zu nutzen. Die Flut der Ton- und Bildeindrücke sollten dabei möglichst gering sein.

Empfehlenswert sind hier z.b. Apps mit Tiergeräuschen, Musikinstrumenten oder kleinen Puzzles – Tierpaare finden oder Kinderlieder anhören sind hier am ehesten empfehlenswert. Sehr leicht verständliche Hörmedien können ebenfalls ab dem 2. Lebensjahr verwendet werden.

Gleichzeitig sollte in diese Entwicklungsphase noch strikt darauf geachtet werden, dass Medien nicht regelmäßig, sondern eher in Ausnahmesituationen verwendet werden.

Zu bedenken gilt es auch, dass jedes Kind individuell auf die Mediennutzung reagiert. Deshalb ist es wichtig, das Kind nach der Mediennutzung genau zu beobachten, um eventuell rechtzeitig wieder ganz darauf zu verzichten (z.B. bei verstärkten Wutausbrüchen, Einschlafproblemen oder Gereiztheit des Kindes).

Insgesamt sollte darauf geachtet werden, dass ein 2- bis 3-jähriges Kind nicht länger als 10 bis 15 Minuten Medien konsumiert. Im Optimalfall sollte diese Zeit von den Eltern begleitet sein. Um die Eindrücke verarbeiten zu können, hilft es dem Kind, wenn seine Bezugsperson danach über die Erfahrungen spricht und neu Gelerntes nochmal aufgegriffen wird.

**Beispiel:**

**"Du hast die Kuh gesehen. Wie macht die Kuh?"**

Eltern sollten jedoch in dieser Phase Apps lediglich als Ergänzung sehen. Kinderbücher sind für diese Phase weitaus entwicklungsförderlicher. So werden z.b. beim Umblättern eines Buches motorische Fähigkeiten geschult und weitaus mehr Sinne angeregt, die das Lernen unterstützen. Darüber werden in der Regel auch mehr Emotionen ausgelöst, die meistens auch in Interaktion mit Bezugspersonen hervorgerufen werden. Sowohl die Sprachentwicklung als auch die sozial-emotionale Entwicklung wird darüber positiv beeinflusst. Digitale Spiele sollten deshalb wirklich eher als Ergänzung betrachtet werden.

Im Alter von *3-6 Jahren* ist es bereits wichtig mit Kindern feste Medienzeiten zu vereinbaren, damit es nicht täglich zu einer Diskussion kommt und ein maßvoller Umgang frühzeitig gelernt werden kann.

Empfehlenswert ist es deshalb, die Medienzeit in eine grobe Tagesroutine einzubauen. Ein empfohlener Richtwert für diese Phase liegt bei 20-30 Minuten, wobei auch hier die Beobachtung des kindlichen Verhaltens entscheidend dafür ist, ob diese Regelmäßigkeit und auch der Umfang angemessen sind.

Eine Möglichkeit wäre z.b., für die Medienzeit zwei feste Zeitpunkte am Tag festzulegen. Von einer täglichen Nutzung in dieser Entwicklungsphase raten zahlreiche ExpertInnen ab. So könnte z.b. an bestimmten Tagen ganz auf Medienzeit verzichtet werden. Ausgewählte Hörspiele, Hörbücher und Kinderserien können hier durchaus auch ohne die Eltern konsumiert werden. Bedeutend ist nur, dass die Eltern zu dieser Zeit in greifbarer Nähe und auch ansprechbar sind.

Hörmedien wirken im Verhältnis weniger reizüberflutend, wobei auch hier eine Zeit von ca. 35-40 Minuten nicht überschritten werden sollte. Medien können in dieser Phase ebenso als Anreiz dienen, sich in Charaktere der Geschichten hineinzufühlen, da Kinder ab dem 3. Lebensjahr mehr und mehr in der Lage sind, sich in andere Menschen hineinzuversetzen. Es lohnt sich also über die Gefühle und Bedürfnisse der Charaktere in Geschichten zu sprechen und diese im Alltag immer wieder zu thematisieren:

**Beispiel:**

"Was hat Conny heute erlebt? Wie hat sie sich da wohl gefühlt? Kennst du dieses Gefühl auch?"

## ELTERN ALS VORBILD IM KITA- UND KLEINKINDALTER

Ganz besonders wichtig ist in dieser Entwicklungsphase ist übrigens das Lernen am Modell der Eltern. Kinder beobachten und imitieren ihr Umfeld in keiner Entwicklungsphase so stark wie in dieser. Deshalb ist es durchaus vorbildlich, das Smartphone oder den Computer nur in dringenden Fällen vor dem Kind zu verwenden.

Zahlreiche Eltern in der Elternberatung berichten, dass ihr Kleinkind völlig "verrückt" nach dem Smartphone ist, da sie spüren, wie bedeutsam dieses Gerät für ihre Bezugspersonen ist.

**Vielleicht helfen dir folgende Tipps dabei, Vorbild zu sein:**

- Verwende dein Smartphone, wenn dein Kind schläft oder du etwas Zeit für dich hast.

- Verwende das Smartphone oder den Computer nur, wenn du sie dringend benötigst und lege sie dann wieder in deine Tasche oder in eine Schublade.

- Formuliere klar, was du am Smartphone machst, z.b.: "Ich schreibe jetzt eine Nachricht an Oma."

**Allgemeine Anregungen:**

- Achte auf die die Reaktionen deines Kindes nach der Mediennutzung. Gerade sehr empfindsame Kinder (Hochsensibilität und Gefühlsstärke) sind sehr reizoffen und schneller überfordert. Die kindlichen Verhaltensweisen können sich hier bei Sendungen, Hörmedien oder Spielen stark unterscheiden und unterstützen Eltern bei einer bedürfnisorientierten Auswahl.

- Beachte die Altersangaben bei der Auswahl von Medien und hinterfrage diese Angaben kritisch.

- Um Kindern die Möglichkeit zu geben, digital Erlebtes zu verarbeiten, brauchen Kinder nach der Mediennutzung die Möglichkeit, ihr Bedürfnis nach körperlicher Nähe, Ruhe, Rückzug und Bewegung zu stillen.

- Spiele nach der Mediennutzung gerne Rollenspiele. Rollenspiele können helfen, Gehörtes und Gesehenes zu verarbeiten und bieten einen Anlass, Sprache zu üben.

- Finde einen festen Platz für digitale Geräte. Digitale Geräte sollten im Haushalt einen Platz haben, der für Erwachsene zugänglich ist, nicht jedoch für Kinder. Insbesondere Schlaf- und Kinderzimmer sollten frei von digitalen Geräten sein.

# 2. KAPITEL – ACHTSAME NUTZUNG DIGITALER MEDIEN IM GRUNDSCHULALTER

## DIE GRUNDSCHULZEIT ALS WERTVOLLE ENTWICKLUNGSPHASE FÜR DAS ERLERNEN EINES ACHTSAMEN UMGANGS MIT MEDIEN

Sobald ein Kind mit ca. 6 bis 7 Jahren in die Grundschule kommt, steckt es meist noch in der sogenannten Wackelzahnpubertät. Viele Entwicklungsanforderungen führen beim Kind in dieser Zeit zu viel Frust und zu dem starken Bedürfnis, sich von den eigenen Eltern abzugrenzen.

Kinder entwickeln sich in dieser Zeit emotional und sozial sowie kognitiv extrem weiter und bilden zunehmend ihre eigene Persönlichkeit heraus. Dazu kommt, dass sie durch die hohen Erwartungen in der Schule und durch die Unterstützung von Eltern und Lehrkräften viel selbstständiger werden.

Besonders herausfordernd ist es für Kinder in diesem Alter zu Beginn noch, die eigenen Bedürfnisse und Gefühle zu äußern. Erst nach und nach entwickeln sie sich im Kontakt mit Gleichaltrigen zu sozialen Wesen, denen es immer besser gelingt, auf andere Menschen zu achten.

Das freie Spiel rückt ab der Schulzeit in den Hintergrund und Spiele mit festen Regeln gewinnen darüber an Bedeutung. Grundsätzlich geben klare Regeln und Vereinbarungen in der Schulzeit Halt und Sicherheit, um zahlreiche Anpassungsleistungen gut meistern zu können.

Die Reifung des Gehirns in dieser Zeit führt allerdings auch dazu, dass Kinder beginnen, das elterliche Verhalten und familiäre Regeln zu hinterfragen. Dabei vergleichen sich Kinder besonders gerne mit Gleichaltrigen, weshalb Eltern sich auf zahlreiche Diskussionen mit ihren Heranwachsenden einstellen dürfen.

Wichtig ist es deshalb, dass Eltern immer wieder Kompromisse eingehen und Kinder sich mit ihren Vorschlägen und Wünschen gehört fühlen. So lernen die Kleinen, dass ihre Meinung ernst genommen wird und sie etwas bewirken können, indem sie für sich einstehen. Hilfreich ist hier für Eltern, dass Kinder bis zur Pubertät die Meinung der Eltern häufig noch sehr schätzen.

Trotzdem werden die Meinungen und Verhaltensweisen der Eltern genau erforscht und hinterfragt, da ein Grundschulkind darüber versucht, seine eigene Identität zu entwickeln.

Die Herausforderung für Eltern besteht also darin, ein ausgewogenes Maß zwischen klaren Grenzen und Kompromissbereitschaft zu finden. Weniger angreifbar machen sich Eltern, auch mit Blick auf die Mediennutzung, wenn sie sich selbst so verhalten, wie sie es von ihren Kindern erwarten. Konsequentes elterliches Verhalten hilft Kindern dabei, dass sie sich von ihren Eltern führen und leiten zu lassen und Vertrauen in sich und andere zu spüren.

Erfahrungen, die Kinder in der Grundschule machen, wirken stark auf das kindliche Selbstbild. Macht das Kind in dieser Zeit die Erfahrung, dass mit seinen Stärken gesehen und seinen Bedürfnissen wahrgenommen wird, hat das auch positive Auswirkungen auf das Selbstbild des Kindes.

Besonders wichtig ist, dass Kinder immer mehr Verantwortung übernehmen und eigene Entscheidungen treffen möchten. Deshalb hilft es, das Kind eigene Erfahrungen und Fehler machen zu lassen, um es nicht in seiner Entwicklung zu hemmen.

Spannend für Eltern ist, dass Kinder in dieser Zeit ihren Gerechtigkeitssinn und ihr moralisches Denken stark weiterentwickeln. So interessieren sie sich z.B. besonders für Themen wie Umweltschutz, Tierschutz, Krieg und Frieden, etc. Großes Interesse besteht also auch für einen achtsamen Umgang mit Medien.

Zusätzlich sind Kinder in dieser Phase in der Lage, zu verstehen, dass Erwachsene sich um ihre Gesundheit kümmern. So kann

Kindern erklärt werden, dass sie schon bei vielen Dingen mitbestimmen dürfen, sie jedoch häufig noch auf den Schutz der Erwachsenen angewiesen sind.

Eine Sensibilisierung für Gefahren, die digitale Medien mit sich bringen, ist in diesem Alter deshalb besonders wirksam und empfehlenswert. Begleitete Gespräche mit der Lehrperson schaffen dann auch oft mehr Bewusstheit für Kinder, die bereits in zu hohem Ausmaß digitale Medien (z.b. Computer spielen, Spiele am Handy) nutzen.

Informationsabende an Schulen für einen achtsamen Umgang mit Medien sind in der Grundschulzeit für Eltern besonders wertvoll, da sie Raum für Austausch bieten und mit präventiven Maßnahmen einer Medienabhängigkeit im Jugendalter vorbeugen. Wichtig ist es in dieser Altersstufe allerdings gleichzeitig, auf die Chancen von digitalen Medien aufmerksam zu machen.

## CHANCEN DIGITALER MEDIEN DURCH MEDIENKOMPETENZ AUFZEIGEN

Durch die Vermittlung von Medienkompetenzen im Grundschulalter werden die Chancen von digitalen Medien sehr deutlich. Medienkompetent ist ein Kind, wenn es die Fähigkeit erlernt unterschiedlichste Medien zu verstehen und diese für sich sinnvoll zu nutzen. Im Grundschulalter sind Kinder zunehmend in der Lage, vielseitige Chancen und Möglichkeiten digitaler Medien kennenzulernen und diese auch zu nutzen. Mediale Einflüsse werden ab der Einschulung immer stärker. Medienkompetenz wird dann genau wie Lesen, Schreiben und Rechnen ebenso als Schlüsselkompetenz begriffen. Durch die Digitalisierung des Schulsystems kommen Kinder über den Einsatz von Whiteboards und Beamern in enge Berührung mit digitalen Medien. Ab dieser Entwicklungsphase ist regelmäßige Mediennutzung also unvermeidlich und förderlich für die kindliche Entwicklung. Umso wichtiger wird deshalb auch der achtsame Umgang mit den unterschiedlichsten Formen von Medien. Wertvoll ist es für Kinder in dieser Phase, zunächst einen Zugang zu unterschiedlichster Mediennutzung zu bekommen und dabei kreativ zu werden. Entdecke deshalb gerne gemeinsam mit deinem Kind, wie es mit Medien ins Gestalten, Lernen und Entdecken kommen kann.

**Hierzu gibt es zahlreiche Möglichkeiten:**

- Lern-Apps

- Drehen und Bearbeiten von kleinen Videos

- Kindersuchmaschinen kennenlernen und sich Wissen aneignen

- Kindernachrichten hören

- Bastelanleitungen suchen

- Eine E-Mail an einen Freund schreiben

- Videokonferenzen mit Freunden machen

- Einen eigenen Song aufnehmen und vorspielen

- Ein Hörspiel zusammen gestalten

- Gestalten von Schülerzeitungen

- Entwerfen von kleinen Flyern in Word

- Nutzen von PowerPoint für Referate

# RISIKEN UND GEFAHREN DIGITALER MEDIEN VERMITTELN

In einem weiteren Schritt können Kinder mit Risiken und Gefahren der Mediennutzung bekannt gemacht werden. Hierzu können konkret Themen mit Kindern besprochen werden. Besonders wertvoll ist es, wenn Eltern und Lehrpersonen, kritisches Denken über Medien anbahnen würden.

Empfehlenswert ist es z.b., mit Kindern in diesem Alter darüber zu sprechen, wie viel Bildschirmzeit oder Zeit mit Hörmedien ihrem Körper guttut. Fragen wie: "Wie fühlst du dich, nachdem du eine Sendung geschaut hast?", helfen Kindern, ins Spüren zu kommen und nachzuvollziehen, warum Erwachsene Bildschirmzeit und Hörmedien reglementieren.

Auch helfen Kindern in der Grundschule Gespräche über die sinnvolle Nutzung von Smartphones und Smartwatches. So gibt es bestimmte Einstellungen auf Geräten, die Kindern erlauben, zu telefonieren, jedoch keine weiteren Funktionen zulassen.

Kindern darf außerdem ab der 3. Klassenstufe auch schon aufgezeigt werden, welche Gefahren im World Wide Web lauern, damit sie ein Verständnis dafür entwickeln, weshalb ihnen nur Suchmaschinen für Kinder zugänglich sind.

So hilft es, über den Einfluss von Werbung, Gefahren im Internet und Gefahren bei der Nutzung von Social-Media-Kanälen zu sprechen. Hierzu gehören auch Themen wie: Cybermobbing, Suchtgefahr, Datenklau, die Folgen vom Posten persönlicher Inhalte und Fotos etc.

# ELTERN ALS VORBILD IM GRUNDSCHULALTER

In dieser Entwicklungsphase beginnen Kinder, sich mit zunehmender Hirnreife nochmal viel bewusster an den Werten ihrer Eltern zu orientieren. Im Gegensatz zum Kleinkind- und KiTa-Alter zeigen Kinder im Grundschulalter bereits mehr und mehr die Fähigkeit zum kritischen Denken, worüber elterliches Verhalten auch häufiger hinterfragt wird.

So spürt ein Kind Unsicherheit, wenn es z.B. in der Schule lernt, wie bedeutend ein achtsamer Umgang mit digitalen Medien ist und die eigenen Eltern diesen achtsamen Umgang nicht vorleben. Nicht selten passiert es also in dieser Phase, dass Kinder durch ihre Eltern, die beispielsweise das Handy kaum weglegen können oder selbst stundenlang vor dem Fernseher sitzen, verunsichert werden. Kinder sehnen sich auch in dieser Phase noch nach bewusster und präsenter Zuwendung.

Gefährlich für Kinder in diesem Alter ist also tatsächlich auch der erhöhte Medienkonsum auf Elternseite. So beobachten Kinder natürlich, wenn ihre Eltern sehr häufig an ihrem Smartphone oder Computer sind. Auch spüren Kinder die hohe Bedeutung, die Eltern diesen Geräten emotional beimessen, nochmal deutlicher. Ihre Eltern sind in diesen Momenten nämlich nicht präsent anwesend, worüber Kindern die geistige Verbindung zu ihren Bezugspersonen fehlt.

Deshalb brauchen Kinder von Beginn an Eltern, die digitale Geräte immer wieder weglegen und wegräumen, die das Smartphone bei einem Ausflug auch mal bewusst zu Hause lassen oder den Computer nur zu begrenzten Zeiten vor den Kindern verwenden. Lebe deinem Kind deshalb vor, wie ihr in der Familie bewusst und achtsam mit Medien umgeht, und weise immer wieder darauf hin, was dein jugendliches Kind durch exzessiven Medienkonsum verpasst.

*Diese Formulierungen helfen dir vielleicht dabei, für dein Grundschulkind Vorbild zu sein:*

- "Das Handy bleibt jetzt hier in der Schublade. Ich möchte jetzt beim Eis essen Zeit für uns haben."

- "Den Computer lege ich jetzt in die Schublade. Jetzt ist Spielzeit."

- "Jetzt ist Kuschelzeit. Da legen wir alle Geräte weg."

- "Das Handy und der Computer schlafen in der Schublade. Die haben im Schlafzimmer nichts verloren."

- "Ich habe von der Arbeit am Computer Kopfschmerzen. Lasst uns an die frische Luft gehen. Das tut unserem Körper gut."

- "Wir brauchen jetzt Ruhe und Entspannung. Komm wir hören nur den Vögeln und dem Regen zu."

- "Ich brauche Entspannung. Da lege ich mein Handy besser ganz weit weg."

- "Ich bin heute ganz unkonzentriert und müde, weil ich so lange am Computer gearbeitet habe. Jetzt brauche ich erstmal Bewegung und frische Luft."

# RICHTWERTE ZUR DAUER UND AUSWAHL VON DIGITALEN MEDIEN IM GRUNDSCHULALTER

## Umfang der Medienzeit

Mit ausreichend Vorerfahrungen und Übung mit Medien ist es für ein Grundschulkind durchaus in Ordnung eine Medienzeit von ca. 30-45 Minuten festzulegen. Dabei ist es empfehlenswert bei Bildschirmmedien eine Zeitspanne von 30-40 Minuten nicht zu überschreiten und bei Hörmedien eine Zeitspanne von 45 Minuten nicht zu überschreiten. Hierbei handelt es sich auch wieder nur um einen Richtwert, der mit Blick auf die Bedürfnisse des Kindes eigenverantwortlich auf die individuelle Situation angepasst werden sollte.

Deshalb ist einerseits sicher nicht nötig, dass ein Kind in der Grundschule täglich, sondern besser nur 2- bis 4-mal die Woche Medien konsumiert. Gleichzeitig kann es in dieser Entwicklungsphase auch mal Ausnahmen in Form eines Kinobesuchs am Wochenende geben. Vielen Eltern hilft es deshalb, eine wöchentliche Medienzeit festzulegen und individuelle Vereinbarungen mit ihren Kindern zu treffen.

In diesem Alter ist es für Kinder bereits sehr wichtig, mitbestimmen zu dürfen, um das Bedürfnis nach Autonomie zu stillen. Eltern können demnach z.B. die wöchentlich Medienzeit festlegen und das Kind kann mitbestimmen, wie diese Zeit über die Woche verteilt wird. Ein Richtwert kann hier insgesamt 3-4 Stunden digitale Medienzeit wöchentlich sein. Dabei ist auch die Zeit, die für Hörmedien verwendet wird, inbegriffen.

Hörmedien sollten nicht dauerhaft im Hintergrund laufen und, wenn möglich, nicht zum Einschlafen verwendet werden, damit das Kind einen ruhigen Schlaf hat. Natürlich gilt es auch hier, ein gesundes und bewusstes Maß zu finden, damit das Kind vor einer Reizüberflutung geschützt wird. Helfen kann hier auch bereits ab der KiTa-Phase ein Wochenplan, in welchem die Medienzeit durch eine Bildkarte oder Ähnliches festgelegt wird.

## Medien bewusst auswählen

Ganz besonders wichtig ist es in dieser Altersphase, die emotionalen Fähigkeiten der Kinder nicht zu überschätzen. Aufregende Fantasyfilme, Krimis oder sogar Nachrichten lösen bei Kindern nicht selten Ängste, Stress oder Unruhe aus. Auch wenn Kinder in dieser Phase oft schon sehr vernünftig wirken, überfordern tatsächlich viele Inhalte insbesondere sehr sensible oder gefühlsstarke Kinder.

Kinder identifizieren sich dann in ausgeprägtem Maße mit den Gefühlen und Erfahrungen der Personen im Film oder in den Hörmedien. Ihnen fällt es dann schwer, sich selbst von diesen Gefühlen abzugrenzen. Deshalb gilt es, dringend auf gewaltvolle, hoch spannungsvolle, aufregende Inhalte mit schnellem Bildwechsel zu verzichten. Altersangaben sind hier aus entwicklungspsychologischer Perspektive häufig zu niedrig anberaumt.

Geeignete Kinderserien sind z.B. Pippi Langstrumpf, Shaun das Schaf, Lotta aus der Krachmacherstraße, Urmel aus dem Eis usw. Der Kinderpodcast "Mira und das fliegende Haus" ist zusätzlich sehr empfehlenswert, da Kindern darüber ein starkes

Selbstwertgefühl vermittelt wird. Auch kindgerechte Lern-Apps können Kindern durchaus dabei helfen, etwas dazuzulernen.

Ein Smartphone oder auch eine Smartwatch ist im Grundschulalter definitiv noch nicht zu empfehlen. Sollten Eltern sich aus Sicherheitsgründen ein Handy für ihr Kind wünschen, besteht die Möglichkeit, dieses Handy entsprechend einzustellen, damit es nur für Anrufe verwendet werden kann.

**4 Möglichkeiten der Reizverarbeitung**

- Möglichkeit 1: Gespräche & Rollenspiele

Sprich mit deinem Kind über Gesehenes und Gehörtes und gehe darüber mit deinem Kind in Beziehung.

*Folgende Gesprächsimpulse helfen Eltern, über Gehörtes und Gesehenes zu sprechen:*

- Welche Person würdest du gerne sein und warum?
- Wie hat sich die Person gefühlt?
- Hättest du auch so gehandelt?
- Wie fühlst du dich jetzt nach dem Schauen/Hören? Hat dir das gut getan?
- Wollen wir uns auch so verkleiden und ein Rollenspiel machen?
- Hast du eine Idee, wie es weitergehen könnte?
- Kennst du jemanden, der auch so ist, wie die Person?

- Möglichkeit 2: Bewegung und frische Luft

Direkt nach dem digitalen Medienkonsum an die frische Luft zu gehen, auf dem Trampolin zu hüpfen oder wild miteinander zu toben, hilft Kindern, Reize zu verarbeiten. So hilfst du deinem Kind gleichzeitig dabei, dass es sein Bedürfnis nach Bewegung und Entspannung erfüllen kann.

- Möglichkeit 3: Malen, tanzen oder Rollenspiele

Biete deinem Kind zusätzlich kreative Möglichkeiten an, um die Reize zu verarbeiten. Dies kann in Form von Malen, Tanzen oder Singen sein. Auch lieben viele Kinder Kuscheltiere oder weitere Gegenstände, die es ihnen ermöglichen, Rollenspiele zu machen.

- Möglichkeit 4: Körperliche Nähe

Biete deinem Kind ausreichend körperliche Nähe an, um Reize verarbeiten zu können. Nähe in Form von Kuscheln, Zuhören, Streicheln sowie liebevolle Gespräche, helfen deinem Kind, Bindungshormone auszuschütten und zu entspannen.

## MEDIENSUCHT IM GRUNDSCHULALTER VORBEUGEN – 2 STRATEGIEN

- Strategie 1: Achtsamkeit und Wahrnehmungsfähigkeit bei gemeinsamen Aktivitäten vermitteln

Damit Kinder gar nicht erst den Drang haben, sich bei familiären Aktivitäten mit digitalen Medien abzulenken, haben Eltern wunderbare Möglichkeiten, ihren Kindern einen achtsamen

Blick auf die Schönheit und Besonderheit der Welt beizubringen. So können Eltern ihren Kindern bei gemeinsamen Aktivitäten zeigen, wirklich im Hier und Jetzt zu sein und mit allen Sinnen bewusst wahrzunehmen.

Eltern können dabei eine freudige und lebensbejahende Grundhaltung vorleben, die Kindern zeigt, dass es schon ausreicht, einfach nur gemeinsam Zeit zu verbringen und gemeinsam etwas zu erleben. Dies gelingt Eltern, indem sie den kleinen Dingen im Alltag viel Aufmerksamkeit widmen.

Empfehlenswert sind hier kleine Rituale, die Eltern mit ihren Kindern immer wieder machen können. Gerne können Kinder hier ihre eigenen Ideen einbringen und mitentscheiden, damit sie sich ernst genommen und gehört fühlen.

So haben Kinder darüber täglich achtsame Momente in Verbindung mit ihren Eltern sowie anderen Menschen. Diese Grundhaltung in einer Familie gilt also als beste Prävention, Kinder vor einer Medienabhängigkeit zu schützen.

*Rituale für eine achtsame Grundhaltung in der Familie*

| | |
|---|---|
| **Der Waldspaziergang** | * Hört bewusst die unterschiedlichen Stimmen der verschiedenen Vogelarten. Versucht sie zu erkennen.<br><br>* Spürt bewusst die Rinde unterschiedlicher Bäume und genießt dabei das Gefühl.<br><br>* Riecht bewusst die frische Luft und versucht zu erkennen, was ihr riechen könnte.<br><br>* Schaut bewusst hin und entdeckt gemeinsam den Reichtum der Natur. |
| **Der Ausflug in die Stadt** | * Sucht euch gemeinsam besonders schöne Lieblingswege durch die Stadt.<br><br>* Beobachtet Gebäude ganz genau und findet Besonderheiten, die an geschichtliche Ereignisse erinnert.<br><br>* Achtet auf die Stimmung und das Umfeld. |
| **Mahlzeiten zelebrieren** | * Überlegt euch z.b. einmal die Woche oder einmal im Monat gemeinsam ein besonderes Menü.<br><br>* Geht mit dieser Freude gemeinsam Einkaufen und seht dies bereits als Teil des Rituals. |

| Mahlzeiten zelebrieren | * Kocht gemeinsam und nehmt euch dafür richtig viel Zeit, um bereits hier in Verbindung zu kommen. |
| --- | --- |
| | * Deckt den Tisch besonders schön mit Deko der Kinder und werdet dabei kreativ. |
| | * Teilt gerne auch die verschiedenen Gänge untereinander auf. |

Voraussetzung hierfür ist auch, dass Eltern bewusst darauf hinweisen:

"Wir lassen heute alle Smartphones und die digitale Uhr in der Tasche/zu Hause, damit wir diese besonderen Momente so erleben können."

Diese Rituale können eine Hilfe für Eltern sein, zu dieser Grundhaltung in der Familie zu finden. Allgemein geht es allerdings natürlich vielmehr um eine achtsame Grundhaltung der Eltern, die in der Alltagsroutine für Kinder spürbar sein darf. So gelingt es auch, kleine Momente im Alltag für Kinder positiv aufzuladen. Die oben genannten Rituale können allerdings hilfreich sein, um ins Tun zu kommen.

*Beispiele für Achtsamkeit in der Alltagsroutine, worüber Bedürfnisse gestillt werden*

| Körperliche & geistige Nähe | * Kuscheln<br>* Achtsames Zuhören<br>* Anlächeln<br>* Sich in die Augen schauen beim Sprechen |
| --- | --- |
| Lebensfreude | * Tanzen<br>* Singen<br>* Gemeinsam lachen und toben<br>* Hüpfen, springen und laufen |
| Entspannung & Ruhe | * Höhlen bauen<br>* Kuschelecke bauen<br>* Bibliothek anlegen |
| Kreativität | * Rollenspiele & gemeinsam verkleiden<br>* Malen, basteln, kneten, bauen<br>* Mit Instrumenten Musik machen |
| Wissen & Neugierde | * Natur- und Tierwelt erforschen<br>* Experimente im Alltag mit Wasser oder im Garten |

*Gesprächsanlässe durch Beobachtung anderer Menschen finden und Reflektieren*

Wenn Eltern ihren Kindern diesen achtsamen Umgang mit der Umwelt vorleben, werden Kinder aus sich heraus kritisch im

Umgang mit digitalen Medien. Unterstützt werden kann dieser kritische Umgang z.b. auch durch die Beobachtung anderer Menschen, denen es über das ständige Nutzen von Smartphone und iPad bereits schwerfällt, im Moment zu sein.

Die Kunst ist hier, andere Menschen nicht zu verurteilen, sondern lediglich darauf aufmerksam zu machen, welche Auswirkungen es haben kann, wenn Eltern und Kinder im Restaurant am Smartphone oder Tablet sind oder welche Auswirkungen es hat, wenn an einem schönen Ort nur Fotos gemacht werden, anstatt wirklich den Moment zu genießen. Alltägliche Situationen, die Eltern mit ihren Kindern verbringen, bieten also durchaus Gesprächsanlässe, die zum Reflektieren einladen.

*Mit Kindern über das Gefühl NACH digitaler Mediennutzung sprechen*

Anders als im Jugendalter, sind Kinder in dieser Entwicklungsphase noch offen für sogenannte Einfühl-Übungen nach der Mediennutzung.

Nichts ist so effektiv für eine verantwortungsvolle Mediennutzung wie das eigene Körpergefühl nach der Mediennutzung. Hilf deinem Kind also über Impulse nach der Mediennutzung in sich hineinzuspüren.

*Folgende Gesprächsimpulse können dir dabei helfen, damit dein Kind ins Spüren kommt:*

• Wie fühlen sich deine Augen nach dem Fernsehschauen an?

• Welche Gefühle spürst du? Bist du erschöpft und müde?

- Fühlst du dich unruhig und unzufrieden? Woher könnte das kommen?

- Kann es sein, dass du Angst bekommen hast durch das aufregende Hörspiel? Wollen wir darüber sprechen?

- Denkst du noch oft darüber nach, was du gehört und gesehen hast? Das beschäftigt dich sehr, oder?

- Meinst du, es würde dir guttun, wenn wir mal ein paar Tage Pause machen? Dann können wir beobachten, wie du dich dann fühlst.

Wenn Kinder im Grundschulalter hier schon ins Spüren kommen, ist die Wahrscheinlichkeit höher, dass sie dieses Körpergefühl auch im Jugendalter nicht ganz verlieren und darüber besser für sich sorgen können.

- Strategie 2: Gesunde Strategien für den Umgang mit Gefühlen vorleben und gemeinsam üben

Ein Blick auf die Ursache von Medienabhängigkeit, hilft Eltern, zu verstehen, wie hier vorgebeugt werden kann. Kinder sind dann besonders anfällig für einen ungesunden Umgang mit Medien, wenn sie darüber versuchen, ihre Gefühle "zu betäuben".

Gefährlich wird es deshalb also bereits in der Grundschulzeit, wenn digitale Medien genutzt werden, um Langeweile zu überwinden, Unruhe nicht aushalten zu müssen, Müdigkeit zu überspielen, Traurigkeit aus dem Weg zu gehen oder Frust zu bewältigen. Um mit diesen Gefühlen umzugehen, braucht es jedoch Strategien, die Erwachsene von ihren Eltern selbst nicht gelernt haben.

Nicht umsonst sind auch viele Erwachsene ebenso süchtig nach digitalen Medien, Zigaretten, Alkohol oder Shopping.

Durch diese sogenannten Kompensationsstrategien versuchen Menschen, ihre unangenehmen Gefühle zu unterdrücken und positive Gefühle hervorzurufen. Sie versuchen darüber, mit Stress, Unruhe, Einsamkeit, Müdigkeit, Erschöpfung und vielen anderen Gefühlen umzugehen, und es ist deshalb so hilfreich auch als Erwachsener so hilfreich, genau in sich hineinspüren, um Vorbild für Kinder sein zu können. Lebe deshalb folgende gesunde Strategien vor und übe immer wieder gemeinsam, diese anzuwenden:

*Gesunde Strategien, um mit unangenehmen Gefühlen umzugehen, sind z.B.:*

| Gefühl | Gesunde Strategie |
| --- | --- |
| Traurigkeit | Weinen und Kuscheln |
| Wut | Boxsack und ins Kissen schreien |
| Frust | Bewegung und frische Luft |
| Unsicherheit | Körperliche Nähe, an Erfolgserlebnisse denken |

| Einsamkeit | Freunde anrufen, sich mit Menschen treffen, körperliche Nähe |
| --- | --- |
| Müdigkeit und Erschöpfung | Schlaf und Ausruhen ohne Reize |

Digitale Medien sollten also niemals dazu dienen, Probleme zu verarbeiten, fehlenden Austausch zu ersetzen, mangelnde Spielangebote in der Freizeit oder fehlende körperliche Nähe zu ersetzen. Gemeinsam mit Kindern kann dann nach Lösungen gesucht werden, die dem Kind helfen, sein eigentliches Bedürfnis zu stillen.

Diese konkreten Handlungen und Formulierungshilfen können dir dabei helfen, um gesunde Strategien zum Umgehen mit Gefühlen umzugehen vorzuleben.

*Nutze diese Formulierungshilfen und die damit verbundenen Handlungen gerne immer wieder im Alltag:*

- "Ich bin gerade ganz müde. Ich lege mich hin und ruhe mich aus. Mein Handy lege ich deshalb weg."

- "Ich bin gerade ganz wütend, weil ich dringend Hilfe brauche. Ich gehe kurz eine Runde um den Block, damit ich mich beruhige."

- "Ich bin gerade ganz aufgeregt. Ich atme tief ein und aus! Das hilft mir, mich zu beruhigen."

- "Ich fühle mich heute einsam. Ich rufe nachher eine Freundin an, weil ich Austausch brauche."

Bei vielen Mädchen sind am Ende der Grundschulzeit mit ca. 10 Jahren bereits erste Anzeichen der Pubertät spürbar, wohingegen dies bei Jungen häufig erst mit ca. 12 bis 13 Jahren der Fall ist. Im folgenden Kapitel wird nun ausführlich beschrieben, welche bedeutende Rolle digitale Medien im Jugendalter spielen und wie Eltern damit umgehen können.

# 3. KAPITEL – ACHTSAME NUTZUNG DIGITALER MEDIEN IM JUGENDALTER

## RISIKEN UND GEFAHREN DIGITALER MEDIEN IM JUGENDALTER

Im Jugendalter nimmt die Nutzung von digitalen Medien meist rapide zu. Das Mitmachen, Teilhaben und der Wunsch nach Informationen sind für die meisten Jugendlichen überaus wichtig. Im besten Fall wachsen sie als selbstbestimmte, reflektierende und kritische Mediennutzer heran. Die sozialen Netzwerke und ihre Communitys bieten reichlich Raum zur Selbstdarstellung und zum Austausch. Communitys haben einen hohen Stellenwert und werden ausgeprägt genutzt.

Natürlich wird das Netz auch zur Recherche für Schul- und Privatangelegenheiten herangezogen. Sowohl wertvolle und nützliche als auch „unnütze" Wissensinhalte finden durch Kinder und Jugendliche dankbare Abnehmer. In dieser Zeit schwindet der elterliche Einfluss zunehmend und Freunde (online & offline) und Geschwister sind wichtige Bezugspersonen.

Einerseits entstehen auch dann neue Chancen für Jugendliche, um kompetent im Umgang mit Medien zu werden und sich wichtige Qualifikationen für den Arbeitsmarkt anzueignen. Kommunikation, Vernetzung und Wissensvermittlung funktionieren ab diesem Alter mehr und mehr über digitale Medien.

Ab der Grundschulzeit gibt es ein großes Angebot an Lern- und Spaßsoftware für die Schule und zu Hause. Kreative Prozesse können in Gang gesetzt werden (Videoschnitt, Präsentationen, Filme drehen, grafische Fähigkeiten erlernen). Darüber können Jugendliche bei entsprechender Begleitung im besten Fall einen kritischen Blick auf Themen wie Cybersicherheit, Cybermobbing, Einfluss von Werbung etc. gewinnen.

Alle Jugendlichen, die bereits in ihrer Grundschulzeit einen gesunden und achtsamen Umgang mit digitalen Medien gelernt haben, sind in dieser Phase nun weniger gefährdet, in eine Medienabhängigkeit zu rutschen.

Gleichzeitig entsteht über das breite Angebot im Netz oder über den Besitz eines Smartphones verschiedene Computergames zu spielen, ein Überangebot an digitalen Medien, das selbst emotional gestärkten Jugendlichen zum Verhängnis werden kann.

## Das Jugendalter und herausfordernde Entwicklungsprozesse

Die Pubertät gilt als besonders herausfordernde Entwicklungsphase für Eltern, da Kinder beginnen sich von den Werten ihrer Eltern abzugrenzen. Nicht selten ist deshalb die Enttäuschung der Eltern riesig, wenn sie ihre verantwortungsvollen und vernünftigen Kinder plötzlich nicht mehr wiedererkennen. Der Teenager wirkt in diesen Momenten häufig so, als käme er von einem anderen Planeten.

Teenager sind auf der Suche nach ihrer ganz eigenen Identität, weshalb sie sich von vielen familiären Werten und ihren Eltern abgrenzen. Entscheidend wird dafür der Einfluss der Peergroup bzw. der Clique, worin jedes Kind seinen ganz besonderen Platz finden möchte. Diese Ablösung von den vertrauten Bezugspersonen ist für Kinder nicht leicht. Sie fühlen sich nicht selten schuldig und schämen sich für ihr impulsives Verhalten.

Unrealistische Schönheitsideale, die über digitale Medien vermittelt werden, tun ihr Übriges und erhöhen den Druck für Teenager häufig enorm. Hinzu kommt dann noch, dass sich das kindliche Gehirn in dieser Phase nochmal gänzlich umstrukturiert. Häufig wird von einer sogenannten Baustelle im Gehirn eines Jugendlichen gesprochen, die "vorübergehend nicht zu betreten" ist. Viele neuronale Verbindungen in der sogenannten Großhirnrinde, die bisher gebildet wurden, werden in der Pubertät wieder aufgelöst. Dies passiert, weil in dieser Zeit der Ausbau von Nervenfasern stattfindet, die dafür sorgen, Informationen schnell zu vermitteln.

Das passiert, weil gleichzeitig die Nervenfasern ausgebaut werden, die für das "schnelle Denken" im Erwachsenenalter zuständig sind. Es werden sozusagen gleichzeitig "zwei Fahrbahnen" im Gehirn neu ausgebaut, worüber erstmal eine Baustelle entsteht. Dies erklärt, warum Jugendliche scheinbar die einfachsten Dinge vergessen, und hilft Eltern, verständnisvoller zu sein. Als wirklich letzter Bereich reift der Präfrontalkortex oder auch Stirnlappen genannt. Das ist nun ungünstig, weil dieser Bereich für die Impulskontrolle und die Fähigkeit zum vernünftigen und moralischen Denken zuständig ist.

Deshalb fällt es vielen Teenagern auch aus elterlicher Sicht besonders schwer, vernünftig zu handeln. Auch erklärt sich hierüber der ein oder andere starke Gefühlsausbruch, der in diesen Momenten nicht besser reguliert werden kann.

Wichtig ist auch zu verstehen, dass Jugendliche noch sehr schwach ausgebildete Dopamin-Rezeptoren haben. Dopamin ist ein Botenstoff, der Glücksgefühle ausschüttet. Diese Gefühle werden bei Erwachsenen vielleicht bereits durch ein spannendes Buch ausgelöst, wohingegen Teenager einen deutlich stärkeren Auslöser benötigen. An dieser Stelle wird nachvollziehbar, warum z.B. sehr aufregende und spannungsvolle Computerspiele oder Action-Filme für Jugendliche besonders reizvoll sind.

Nicht zuletzt verändert sich in dieser Zeit das Hormon Melatonin, das Menschen beim Schlafen unterstützt. Teenager werden deshalb häufig zu Nachteulen, die morgens nur schwer aus dem Bett kommen.

Deutliche körperliche Veränderungen sowie schmerzhafte Wachstumsschübe überfordern Teenager in dieser Zeit zusätzlich. Das seelische Gleichgewicht gerät durch ständige Hormonschübe aus dem Gleichgewicht. Mit all diesen körperlichen und gefühlsmäßigen Veränderungen muss der Jugendliche irgendwie klarkommen. Alle Gefühle, positive wie negative, sind stark und intensiv.

Für die Jugendlichen ist die Pubertät also insgesamt eine emotional höchst aufwühlende Zeit. Die armen Eltern müssen in dieser Zeit einiges ertragen. So ziehen sich viele Jugendliche in dieser Zeit sehr in ihre eigene Welt zurück und versuchen, laut zahlreichen Aussagen von Teenagern, "erstmal mit ihrem Leben klar zu kommen".

Gleichzeitig sehnen sich Kinder in dieser Zeit nach Nähe, Unterstützung und Verständnis von ihren Bezugspersonen. „Die Kunst, einen Kaktus zu umarmen" titulieren die Autoren Arp & Arp deshalb ihr Buch über die Teenagerzeit. Beruhigend ist, dass diese Phase tatsächlich wieder aufhört.

Die Pubertät ist eine wichtige Durchgangsstation mit überfordern den Gefühlen, belastenden Gedanken und überzogenen Anforderungen. All diese Hintergründe erklären allerdings auch, warum die Nutzung von digitalen Medien für Teenager in dieser Phase besonders reizvoll und darüber auch gefährlich ist.

**Das Jugendalter und fehlende Zugehörigkeit**

Ein ganz entscheidender Risikofaktor ist hier, dass die Nutzung von digitalen Medien Jugendlichen ein Gefühl von Zugehörigkeit vermitteln. Chatten, Posten auf sozialen Netzwerken und

Computerspielen suggerieren Kindern deshalb meist, für andere wichtig zu sein und der Peergroup anzugehören.

Da es Jugendlichen besonders wichtig ist, Gleichaltrigen oder älteren Kindern in der Peergroup zu gefallen, brauchen Kinder also dringend weiterhin klare und liebevolle Führung von ihren Eltern, um nicht im Smartphone oder vor dem Computer zu versinken. Kindern ist es nämlich häufig noch nicht möglich, zu erkennen, dass dieses Gefühl von Zugehörigkeit und Geborgenheit nur von kurzfristiger Dauer ist und das eigentliche Bedürfnis nach Nähe und Kontakt zu Freunden eher im direkten Austausch mit körperlicher Nähe gestillt wird.

**Das Jugendalter und fehlende Selbstwirksamkeit**

Die besondere Gefahr bei Computer-Games besteht je nach Spiel darüber hinaus darin, dass Jugendliche im Spiel viele Erfolgserlebnisse haben und sich darüber kurzfristig selbstwirksam und stark fühlen. Kinder, die ein geringes Selbstvertrauen haben und bisher wenig Möglichkeiten bekommen haben, sich stark, wichtig und gebraucht zu fühlen, sind deshalb für eine Gamingsucht besonders gefährdet. Jungen zwischen 12 und 17 Jahren gelten hier als absolute Risikogruppe. Auch Spiele auf Smartphones können genau aus diesem Grund süchtig machen. Hinzu kommen bei manchen Kindern Computerspiele.

Was Eltern tun können, um ihrem Teenager Vertrauen in sich und die eigenen Fähigkeiten zu vermitteln, wird im folgenden Kapitel ausführlich und sehr praxisnah beschrieben. Wenn Heranwachsende nämlich auch in dieser Zeit erfahren, dass sie wertvoll und geliebt sind und etwas können, gibt es auch keine Gefahr, in die Medienabhängigkeit zu rutschen.

## WIE ELTERN IM JUGENDALTER BEGLEITEN KÖNNEN

### Bedürfnis nach Zugehörigkeit stillen

Vorbeugung ist es also in jedem Fall, auch im Jugendalter, Heranwachsende dazu zu ermutigen, Sozialkontakt zu pflegen. Dies bedeutet, klar mit Kindern darüber zu sprechen, wie wichtig in der Familie soziale Kontakte sind und dies zu begründen. Entscheidend ist hier natürlich auch, dass sich das Kind im familiären Umfeld wohl und geborgen fühlt, um die Mediennutzung nicht als vermeintlichen "Zufluchtsort" zu benötigen. Kinder fühlen sich dann einer Gruppe zugehörig, wenn sie von ihren Bezugspersonen ernst genommen werden und auch mal nach ihrer Meinung gefragt werden. Sport-, Musik- oder Turnvereine können dieses Bedürfnis ebenso stillen.

### Bedürfnis nach Unterstützung, Verständnis und Zuwendung stillen

Auch wenn dein Teenager in vielen Momenten nicht für deine Zuwendung bereit ist, wünscht sich ein Kind in dieser Phase im tiefsten Inneren "sich angenommen und verstanden zu fühlen". Schaffe deshalb immer wieder bewusst Momente und Situationen, um mit deinem jugendlichen Kind in Verbindung zu kommen.

*Liebevolle Gesten der Zuwendung für Jugendliche:*

- die Schulter liebevoll berühren oder klopfen

- im Spaß kämpfen oder toben

- liebevolles Anlächeln

- aufmerksames Zuhören

- interessiertes Nachfragen

- gemeinsam Sport treiben

- Interesse für Hobbys, Freunde und digitale Medien zeigen

- ein Lieblingsessen kochen oder den Lieblingskuchen backen

- Stärken hervorheben und wertschätzen

- auf Vorwürfe und Kritik verzichten

- gemeinsame Interessen herausfinden

**Bedürfnis nach Selbstwirksamkeit stillen**

Gleichzeitig dürfen Eltern darauf achten, ihren Jugendlichen nicht zu viel abzunehmen und darüber die Selbstständigkeit und Selbstwirksamkeit zu fördern. So hilft es Jugendlichen, sich in der Familie wichtig zu fühlen und gebraucht zu werden.

Eltern können mit ihrem Teenager also gemeinsam herausfinden, welche verantwortungsvollen Aufgaben übernommen werden können. Selbstwirksam erleben sich Kinder ebenfalls in Vereinen, wenn sie dort z.B. ein wichtiges Amt übernehmen und gebraucht werden.

## Bedürfnis nach Autonomie stillen

Teenager fühlen sich von ihren Eltern angenommen, wenn ihnen auf Augenhöhe begegnet wird und sie als autonome Menschen wahrgenommen werden. Um zu verhindern, dass sich Jugendliche stark von ihren Eltern eingeschränkt fühlen, lohnt es sich, auf überfürsorgliches Verhalten wie z.b. das Erinnern an eine Jacke oder Bevormundung zu verzichten.

Jugendliche wollen nicht mehr behandelt werden "wie ein Baby". Sie möchten selbst entscheiden und bestimmen und mit ihrer Meinung ernst genommen werden. Deshalb tut es ihnen gut, wenn sie von ihren Eltern nach ihrer Meinung zu bestimmten Themen gefragt werden und diese Meinung auch ernst genommen wird. Hierzu gehört z.b. auch, die eigenen elterlichen Erwartungen immer wieder neu zu reflektieren und loszulassen. Vielleicht fällt es dir schwer, anzunehmen, dass dein Kind nun erwachsen wird. Mache dir also immer wieder bewusst, wie wichtig es ist, deinem Kind etwas zuzutrauen.

*Diese Sätze helfen dir vielleicht, deine innere Haltung für diese Situationen zu stärken:*

"Ich traue dir zu, dass du es auf deine Art und Weise machst. Auch wenn ich dich vor Fehlern bewahren möchte, lasse ich dich ausprobieren und schreitet erst ein, wenn ich dich wirklich beschützen muss. Ich begegne dir auf Augenhöhe und verzichte auf Vorwürfe, wenn mal etwas schief geht. Grundsätzlich habe ich tiefes Vertrauen in deine Fähigkeiten und lasse los. Wenn du gescheitert bist, bin ich für dich da und mache dir keine Schuldgefühle. Ich rede in Ruhe mit dir und warte ab, bis du bereit für neue Lösungswege bist."

Das große Bedürfnis nach Autonomie wird beim Kind auch darüber gestillt, dass gemeinsam Vereinbarungen gefunden werden. Mit Kindern kann in diesem Alter schon sehr konkret darüber gesprochen werden, welche Strategien hier genutzt werden können. Wichtig ist es dabei, in einem ruhigen Gespräch nach einer Lösung zu suchen, mit der sich alle wohl fühlen.

**Gemeinsame Gespräche führen und Vereinbarungen treffen**

In fast allen Fällen ruft Medienerziehung insbesondere im Jugendalter Konflikte hervor. Die unterschiedlichen Meinungen sollten deshalb immer wieder diskutiert werden und auch neu verhandelt werden. Es handelt sich dabei also um einen dynamischen Weg, auf dem man sich immer wieder neu annähert und neue Lösungen findet.

Damit Eltern sicher in eine Diskussion gehen können, ergibt es Sinn, sich vorher gut über Inhalte von Videospielen oder neue Geräte, die gekauft werden sollen, zu informieren. Wie Eltern mit ihrem Kind Vereinbarungen zur digitalen Mediennutzung treffen können, wird nun an einem konkreten Beispiel aufgezeigt. Verbote führen nämlich leider oft genau zum Gegenteil, weshalb in dieser Phase dringend davon abzuraten ist.

Die folgenden Schritte können Eltern auch auf jede andere beliebige Situation anwenden, in welchen sich die eigenen Bedürfnisse von den Bedürfnissen des Teenagers unterscheiden.

*Formulierungshilfe: Bedürfnisorientiert Vereinbarungen zur Mediennutzung treffen*

<u>Voraussetzung:</u> Führe dieses Gespräch mit deinem Kind in einem ruhigen Moment, wenn ihr gerade einen guten Draht zueinander habt. Achte also darauf, dass dein Kind für dieses Gespräch bereit ist.

- Schritt 1: Zeige Verständnis für die Gefühle und Wünsche deines Kindes

<u>Hintergrund:</u> Damit du eine Verbindung zu deinem Kind aufbauen kannst, ist es wichtig, dich zunächst voll und ganz in dein Kind hineinzuversetzen. Nur so schaffst du es, dass dein Kind kooperieren möchte. Ansonsten geht es direkt auf Gegenangriff und ist nicht mehr in der Lage, eine vernünftige Lösung zu finden.

*Formulierungshilfe:*

"Die Schule ist grad wirklich anstrengend und nervig, oder? Gar nicht so leicht für dich gerade, stimmt's? Am liebsten würdest du den ganzen Tag und die ganze Nacht durchzocken. Da kannst du mit deinen Freunden zusammen sein und das macht auch noch Spaß. Das kann ich wirklich gut nachvollziehen. Außerdem hast du dann deine Ruhe und niemand nervt dich, solange du spielst, oder? Da kann dir keiner reinreden.

Mir ging das früher auch oft so, dass mir alles zu viel war."

- Schritt 2: Sage deinem Kind, was du beobachtest (wertfrei), wie du dich fühlst und was du brauchst

Hintergrund: Sofern du völlig vorwurfsfrei über deine Gefühle und Bedürfnisse sprichst, fühlt sich dein Kind nicht angegriffen. Es ist dann viel eher bereit, gemeinsam mit dir nach einer Lösung zu suchen und möchte mit seinem Verhalten zu deinem Wohl beitragen. Voraussetzung hierfür ist jedoch, dass dein Kind merkt: "Mama/Papa ist auf meiner Seite. Sie wollen nur mein Bestes und sie wollen gemeinsam mit mir eine Lösung finden."

*Formulierungshilfe:*

"Wenn ich dich den ganzen Nachmittag zocken sehe, mache ich mir richtige Sorgen. Ich bin deine Mama/dein Papa und deine Gesundheit ist mir total wichtig. Erst habe ich wieder gelesen, was es anrichten kann, wenn Kinder im Jugendalter so viel zocken. Ich kann ja verstehen, dass es dir total viel Spaß macht, und gleichzeitig wünsche ich mir eine Lösung, damit du sicher bist und gesund bleibst."

- Schritt 3: Bleibe in der Einfühlung und formuliere was dir wichtig ist:

Hintergrund: Dein Kind wird versuchen, dich vom Gegenteil zu überzeugen und dir vielleicht erklären, dass du dir umsonst Sorgen machst. Bleibe dann in der Einfühlung für dein Kind, um die Verbindung nicht zu verlieren:

*Formulierungshilfe:*

"Du findest, dass ich hier übertreibe, oder? Du willst alleine entscheiden, was gut für dich ist und ich bin total nervig. Die nervigste Mama/Papa überhaupt. Trotzdem will ich eine Lösung mit dir finden. Ich brauche da wirklich deine Hilfe. Mir ist wichtig, dass du gesund bleibst und dass du auch noch etwas anderes machst außer Computerspielen."

- Schritt 4: Frage nach Lösungsvorschlägen:

<u>Hintergrund:</u> Wenn dein Kind eigene Lösungsvorschläge einbringen darf, fühlt es sich gehört und ernst genommen. Es ist dann auch gewillter sich an die Vereinbarung zu halten, die getroffen wurde.

*Formulierungshilfe:*

"Hast du denn Ideen, wie wir hier zusammenkommen? Komm, wir finden bestimmt eine Vereinbarung, mit der wir beide glücklich sind. Hast du irgendeine Idee, damit ich ein bisschen beruhigter sein kann und mir weniger Sorgen um deine Gesundheit machen muss?"

- Schritt 5: Drücke Wertschätzung aus

<u>Hintergrund:</u> Wenn ihr eine Vereinbarung findet, die für euch beide in Ordnung ist, schlage mit deinem Kind ein und signalisiere, dass du dich sehr über die Lösung freust.

*Formulierungshilfe:*

"Vielen Dank, dass wir eine gute Lösung gefunden haben. Ich bin jetzt richtig erleichtert, weil es mir so wichtig ist, dass es dir gut geht."

- Schritt 6: Sprecht über Hindernisse

Hintergrund: Finde mit deinem Kind schon Ideen, wie du dabei helfen kannst, mit dem Spielen aufzuhören, sollte es nicht mit der Vereinbarung klappen.

*Formulierungshilfe:*

"Was hältst du davon, wenn ich dich in schwierigen Momenten daran erinnere, aufzuhören? Du weißt dann, dass ich das nur mache, um dir zu helfen, ok?"

**Damit dein Kind weiß, welche Vereinbarungen aus deiner Sicht sinnvoll wären, findest du hier Ideen für einen vernünftigen Umgang mit Medien im Jugendalter:**

- Alle legen ab abends um 23 Uhr die Handys in die Schublade.

- Gewisse Geräte werden gar nicht erst angeschafft.

- Das Handy hat am Essenstisch nichts verloren.

- Eine bestimmte Stundenanzahl von Games und Smartphone sollte wöchentlich nicht überschritten werden.

- Das Handy wird weggelegt, wenn wir uns unterhalten.

- Es gibt einen gemeinsamen Familienabend die Woche, ohne digitale Medien.

- Kurz vor dem Schlafen gehen, wird nicht mehr "gezockt".

- Mindestens 2-mal die Woche ist es wichtig, Freunde zu treffen.

- Aktivitäten draußen und Bewegung sind wichtig als Ausgleich.

All diese Erwartungen können Teenagern gegenüber immer wieder klar und ruhig geäußert werden. Dies bedeutet natürlich nicht, dass sich das jugendliche Kind immer brav daran orientieren wird. Am meisten erreichen Eltern, wenn sie es in dieser Zeit besonders betont vorleben und die klare Erwartung manchmal auch nonverbal nach außen strahlen. Hier kann ein auffordernder Blick oder ein liebevolles, aufforderndes Lächeln oft mehr bewirken als ständiges Erinnern.

Wichtig ist jedoch, trotzdem immer wieder in ein verständnisvolles Gespräch zu gehen, dran zu bleiben und nicht der Harmonie zuliebe, aufzugeben. Es lohnt sich, immer wieder dafür zu sensibilisieren, was mit dem Körper nach sehr langer digitaler Medienzeit passiert und welche Folgen entstehen können.

**Folgen exzessiver digitaler Mediennutzung im schulischen Kontext aufzeigen**

Zusätzlich kann es durchaus hilfreich sein, reflektierte Gespräch über Gefahren und Folgen einer exzessiven Mediennutzung zu sprechen.

Besonders hilfreich wäre es, wenn diese Informationen nicht von Elternseite, sondern von Schulseite vermittelt werden würden. So können z.B. Geschichten von Kindern, die komplett in der Mediensucht gefangen sind, durchaus abschreckend wirken. Eltern können hier z.B. Vorschläge für ein Schulprojekt machen, das von schulischer Seite umgesetzt werden könnte.

*Besprich mit deinem Kind ganz konkret die möglichen Auswirkungen:*

- Schlafprobleme

- Konzentrationsprobleme und Abwesenheit

- Angst und innere Unruhe

- Gewichtszunahme und körperliche Beschwerden

- Soziale Ausgrenzung

- Schlechte Leistungen in der Schule usw.

- Aggressionen

- Sehr langsame Reaktionsfähigkeit

- Fehlende Fähigkeit zuzuhören

- Ungesunde Ernährung

- Interessen werden nebensächlich

- Hygiene wird nebensächlich

Hilfreich könnte z.b. durchaus ein Vortrag eines Experten oder einer Expertin sein, der z.b. mit Sucht-Gamern in "Computer-Spielsucht"-Ambulanzen arbeitet.

So berichtet der Psychologe Klaus Wölfling der Uniklinik in Mainz in einem Spiegel-Interview von Sucht-Gamern, die zu ihm in die Klinik kommen.

"Sie tun es nicht aus Spaß – sondern weil sie nicht mehr anders können. Für Sucht-Gamer sind Computerspiele kein Zeitvertreib, sondern Droge: Sie verlieren sich in Online-Welten, verspielen ihre Zukunft. Das Suchtpotenzial von Online-Rollenspielen ist besonders hoch, warnt der Psychologe, denn die Welt pausiert nicht, wenn der Spieler den Computer abschaltet. Spieler, die zu selten in der Spielwelt unterwegs sind, laufen Gefahr, virtuelles Prestige zu verlieren. Außerdem entsteht durch das gemeinsame Lösen von Aufgaben im Spiel ein starkes Gruppengefühl – etwas, das viele Süchtige aus ihrem realen Leben gar nicht mehr kennen. 85 Prozent seiner Patienten sind männlich und zwischen 16 und 30 Jahre alt."

Ebenso möglich wäre ein Vortrag eines "Sucht-Gamers", der bereits den Entzug geschafft hat und wieder mit seiner Sucht leben kann.

Diese Informationen sind für Jugendliche in diesem Alter oft höchst spannend und können durchaus einen achtsameren Umgang mit digitalen Medien fördern.

Die Wirkung ist im schulischen Kontext für Jugendliche weitaus größer, als wenn nur ihre Eltern nur davon berichten und davor warnen. Wichtig ist hier auch das Smartphone kritisch mit einzubeziehen. Da es das Smartphone inzwischen ebenfalls ermöglicht, jede Form von digitalen Medien zu nutzen, braucht es damit einen besonders bewussten Umgang. So besteht die Möglichkeit, in einer Schulklasse Bildschirmzeiten zu notieren und diese miteinander zu vergleichen. Aus diesem Austausch können dann z.B. im Unterricht gemeinsam Alternativen für "Bildschirmzeit" erarbeitet werden, die die Jugendliche selbst bestimmen. Sogar Wettbewerbe können hier motivierend sein und als Gesamtschulprojekt angelegt werden z.B. mit dem Titel: "Unsere Freizeit ohne digitale Medien." Viel leichter wird es dann für Teenager, sich für alternative Beschäftigungen mit Freunden fern von digitalen Medien zu öffnen und gemeinsam kreativ zu werden.

## Alternativen schaffen

Im Jugendalter wird es für Eltern immer schwieriger, attraktive Alternativen zur Mediennutzung zu schaffen. So verlieren Kinder in diesem Alter oft das Interesse an gemeinsamen Ausflügen mit der Familie.

Trotzdem sollten Eltern nicht aufgeben, gemeinsam mit ihren Jugendlichen nach Aktivitäten zu suchen, die auch zusammen noch Freude machen. Eltern dürfen hier auch gerne verstärkt auf die Wünsche der Kinder eingehen und sich vielleicht auch mal für etwas Neues öffnen. Manchmal ist es am hilfreichsten, sich mit anderen Eltern zusammenzutun und die Kinder gegenseitig zu motivieren, etwas gemeinsam zu machen. Hier ist es wichtig, Kindern den Raum für diese Aktivitäten zu schaffen. So können Eltern sich z.B. einen Abend die Woche zurückziehen und den Jugendlichen Raum für gemeinsame Zeit schaffen.

*Auch folgende Ideen helfen Jugendlichen vielleicht, um mit Freunden kreativ zu werden:*

- Skateboard oder fahren Wakeboarden
- Windsurfen oder Wellenreiten
- Radfahren (Rennrad oder Mountainbike)
- Skifahren oder Langlaufen
- Sportvereine (Fußball, Basketball, Volleyball)

- Action-Parcours bauen

- Fitness-Studio einrichten und Freunde einladen

- Joggen gehen und Trainieren im Grünen

- Tanzen und Singen (hier gibt es auch Möglichkeiten für Jugendliche, dies mit digitalen Medien zu verbinden)

- Kunst (große Leinwände bestellen und ein "Atelier" einrichten)

- Rollschuhfahren

- Reiten

- Trampolin springen "Air-Hob"

- Freizeitparks

Gesunde Strategien, um achtsam mit seiner Umwelt umzugehen und mit den eigenen Gefühlen umzugehen wurden bereits vorgestellt. Auf diese Strategien können Jugendliche dann im besten Fall zurückgreifen. Deshalb ist es auch so wichtig, diese intensiv in der Entwicklungsphase von ca. 6 bis 11 Jahren anzubahnen.

**Innere Grenzen klar aufzeigen**

Nicht selten kommen zu mir in die Praxis verunsicherte Eltern, die sehr deutlich spüren, dass sie ihrem Kind zu viele Freiheiten mit digitalen Medien geben und sie ihr Kind auch mit Geräten überversorgen. Sie sind allerdings völlig verunsichert, da ihnen wichtig ist, dass ihr Kind sich nicht ausgegrenzt fühlt und schaffen die Medien deshalb für ihr Kind an.

Hier ist es wichtig, Eltern zu ermutigen, dass ihr Kind noch nicht in der Lage ist, "über das richtige Maß" zu entscheiden. Eltern dürfen hier also klar zu ihren inneren Grenzen stehen und auch "NEIN SAGEN" zu bestimmten Neuanschaffungen.

Auch wenn das beim Kind Frust hervorruft, kann dies als Chance gesehen werden Frustrationstoleranz aufzubauen. Eltern können Frust dann liebevoll begleiten und betonen, dass sie diese Entscheidung treffen, um das Kind vor sich selbst zu schützen. Eltern, die bisher also sehr konsequent sind und klare Vereinbarungen mit ihren Kindern getroffen haben, möchte ich deshalb dringend bestärken, dabeizubleiben und den Diskussionen mit den Jugendlichen standzuhalten.

Als grobe Richtlinie können Eltern sich an Vorgaben der Initiative des Bundesministeriums "Schau hin" orientieren:

* Nutzungszeit: 10 J. – 13 J. ca. 75 Min. tägl.

* ab 14 J. Empfehlung Faustregel von "SCHAU HIN": 10 Min. pro Lebensjahr am Tag oder 1 Stunde pro Lebensjahr in der Woche (z.B. 14 J. 140 Min. tägl. oder 14 Std. pro Woche)

Hierfür können Eltern mit ihren Kindern Nutzungsverträge aushandeln. Beispiele für Nutzungsverträge zwischen Eltern und Kindern finden Eltern über diesen Link:

https://www.klicksafe.de/eltern/

Mit dem Angebot www.mediennutzungsvertrag.de von klicksafe und Internet-ABC können Eltern und Kinder gemeinsam online einen Mediennutzungsvertrag erstellen. Der Vertrag kann in unterschiedlichen Design- und Regelvorlagen für die beiden Altersgruppen 6-12 Jahre und 12+ Jahre angelegt werden. Für die zukünftige Bearbeitung kann der Vertrag gespeichert und über einen Zahlencode für Anpassungen jederzeit wieder aufgerufen werden.

## WIE ELTERN MEDIENSUCHT FRÜHZEITIG ERKENNEN KÖNNEN

Immer wieder fragen sich Eltern, woran sie erkennen können, ob ihr Kind bereits abhängig von digitalen Medien ist. Nicht jedes Kind, das viel Zeit mit digitalen Medien verbringt, ist süchtig. Die Spieldauer selbst ist nicht das Hauptsymptom der Sucht. Es müssen mehrere Faktoren zusammenkommen, bis sich aus einer intensiven Mediennutzung eine gefährliche Sucht entwickelt. Computer- oder Handysucht entwickelt sich nicht plötzlich und aus dem Nichts heraus, sondern eine Gefährdung deutet sich vorher an. Wenn du gut im Kontakt und im Gespräch mit deinem Kind oder Jugendlichen bist, wirst du merken, ob und wie sich sein Verhalten verändert.

Gefährlich wird es dann, wenn durch einen sehr hohen Medienkonsum Folgeerscheinungen auftreten. Süchtige entfernen sich von ihrer Familie und ihren Freunden, sie ernähren sich häufig ungesund und zeigen keine weiteren Interessen mehr. Auch leiden sie an Entzugserscheinungen, wie Nervosität, Aggression, Schlaflosigkeit und Konzentrationsproblemen. Oft werden sogar Hygiene und andere körperliche Bedürfnisse, wie Bewegung, frische Luft oder der rechtzeitige Toilettengang nebensächlich.

Besonders auffällig bei Süchtigen ist, dass sie sich irrationale Gründe für ihr Nutzungsverhalten suchen. So berichtet der Leiter einer Suchtambulanz, dass nicht wenige Süchtige behaupten, sie würden auf eine Karriere als Profi-Gamer trainieren, um damit später ihren Lebensunterhalt zu verdienen. Manche wollen "nur einmal gegen den Weltmeister spielen" oder andere unmögliche Ziele erreichen. Das Absurde in diesem Denken zu erkennen, ist dann für Süchtige schwierig.

Die Mediennutzung dominiert bei abhängigen Jugendlichen den Alltag. Soweit kommt es jedoch nicht, wenn Eltern rechtzeitig – wie in den vorherigen Kapiteln beschrieben – agieren. Wichtig ist es in jedem Fall, das Kind genau zu beobachten und bei folgenden Anzeichen nach professioneller Hilfe in einer Erziehungsberatungsstelle oder in einer Suchtambulanz zu suchen:

**Diese Checkliste hilft dir dabei, eine Medienabhängigkeit bei deinem Kind frühzeitig zu erkennen:**

- Mein Kind ist kaum in der Lage, das Spiel selbstständig zu beenden.

- Mein Kind stürzt sich von einer medialen Betätigung in die nächste.

- Mein Kind hat kein Interesse mehr an Freundschaften und zieht die Nutzung von Medien vor

- Mein Kind zeigt auffälliges Verhalten in Form von Ticks oder anderen Verhaltensweisen (Räuspern, Fingernägel kauen, Einschlafprobleme, Augenzucken, nervöse Gesten etc.)

- Mein Kind zeigt Entzugserscheinungen, wenn wir im Urlaub sind und keine Medien dabeihaben.

- Mein Kind vernachlässigt seine Körperhygiene

- Mein Kind hat kaum mehr Freude an anderen Tätigkeiten

- Mein Kind sucht nach irrationalen Ausreden für die exzessive Nutzung von digitalen Medien

- Mein Kind spielt vor allem Online-Rollenspiele, die ihm ein Gefühl von Zugehörigkeit und Gemeinschaft vermitteln und vermeintliche Erfolgserlebnisse ermöglichen.

- Mein Kind hat ein sehr niedriges Selbstwertgefühl und betont häufig, dass es "nichts kann".

- Mein Kind kann nur schwer mit Spielpausen umgehen.

- Toleranzentwicklung – die Toleranz für Spielpausen sinkt, d.h. es muss immer mehr und mehr gespielt werden

- Mein Kind nutzt auch gegen Absprachen digitale Medien, obwohl das zu zu starken Konflikten und Problemen führt.

- Mein Kind vertuscht die Spielzeit oder spielt heimlich unter der Bettdecke.

- Mein Kind konsumiert, um mit negativen Gefühlen umzugehen.

- Mein Kind lenkt sich durch den digitalen Medienkonsum von der Realität ab und flüchtet vor Druck in der Schule oder negativen Stimmungen in der Familie.

Übergänge zu einer Sucht sind oft fließend, weshalb Eltern frühzeitig reagieren sollten und nach Unterstützung fragen dürfen.

Das Ziel ist es, bei einer Therapie, Jugendliche über mögliche Gefahren einer Suchtentwicklung aufzuklären und sie bei der Risikowahrnehmung, -einschätzung und -bewältigung zu unterstützen, damit sie diese Medien irgendwann wieder kompetent und selbstbestimmt nutzen können. Bei der Therapie geht es darum, die Sucht, aber auch die Begleiterkrankungen zu behandeln. Wenn du als Elternteil einige dieser Punkte als erfüllt ansieht, ist es sinnvoll, dir fachliche Hilfe bei Beratungsstellen zu holen.

Ziel ist es dann, gemeinsam mit den Jugendlichen wieder zu einem gesunden Nutzungsverhalten zurückzufinden, das eine tägliche Medienzeit von ca. 2 Stunden nicht überschreitet. Besonders wichtig finden ExpertInnen in der Therapie, dass Eltern weiterhin in enger Beziehung mit ihren Kindern bleiben und dringend darauf verzichten, ihre Kinder mit Medienzeit zu belohnen. Ansonsten wird im kindlichen Gehirn das Belohnungssystem aktiviert, worüber die Medienzeit auch als positive Belohnung empfunden wird.

## PROFESSIONELLE UNTERSTÜTZUNG BEI MEDIENAB-HÄNGIGKEIT

Wenn Eltern unsicher und besorgt sind, ob ihr Kind bereits gefährdet sein könnte, gibt es zahlreiche Möglichkeiten, sich professionelle Unterstützung zu holen. Zunächst ist z.B. eine Erziehungsberatung sinnvoll, da Eltern hier lernen, klarer und konsequenter Grenzen zu zeigen.

Sollte die Medienabhängigkeit mit Konflikten in der Familie oder mit der Paarbeziehung der Eltern zusammenhängen, haben Eltern die Möglichkeit, sich über eine systemische Familientherapie Unterstützung zu holen. Bei deutlichen Symptomen ist es zusätzlich empfehlenswert, sich an eine/einen Kinder- und JugendpsychaterIn zu wenden, der Eltern an entsprechende Hilfestellen vor Ort verweisen kann.

Für Jugendliche und junge Erwachsene gibt es beispielsweise Onlinesucht-Ambulanzen, in welchen Gesprächstherapien in Verbindung mit Gruppentherapien zu starken Verbesserungen führen können.

**Folgende konkrete Beratungsstellen können dir weiterhelfen, wenn du professionelle Hilfe in Anspruch nehmen möchtest:**

- **Computerspielsucht-Hotline der Uni-Klinik Mainz**
  Montag bis Freitag 12.00 - 17.00 Uhr
  **Tel: 06131 - 17 60 64**
  www.verhaltenssucht.de

- **Internetsuchthilfe e. V.**
  https://internetsucht-hilfe.de/
  Auf der Internetseite finden Eltern zudem weitere Checklisten für Eltern und einen Selbsttest.

- **Deutsche Hauptstelle für Suchtfragen e.V.** (DHS): allgemeine Informationen zu verschiedenen Suchtformen und deren Behandlung www.dhs.de

- Der **Arbeitskreis gegen Spielsucht e.V** bietet Einzel-, Paar-, Familien- und Gruppengespräche für Menschen mit Problemen im Umgang mit Glücksspielen, Wetten,

PC/Internetgebrauch und deren Angehörige an
www.ak-spielsucht.de

- **Informationen zu Therapien bei Mediensucht**
www.mediensucht-therapie.de

- Die **Fachstelle für exzessiven Medienkonsum (return)** bietet Unterstützung und Begleitung für Personen, die aus exzessivem bzw. süchtigem Medienkonsum aussteigen wollen.
www.return-mediensucht.de

- Der **Fachverband Medienabhängigkeit** vernetzt Forscher und Praktiker im deutschsprachigen Raum. Eine Übersicht an Beratungseinrichtungen bietet die Landkarte unter der Rubrik "Hilfe finden".

- **Bündnis Mediensucht Paderborn:** Schnellbewertungsbögen für Betroffene und Angehörige sowie Verweisung auf Hilfsangebote vor Ort www.mediensucht-paderborn.de

- **Release Netzpause** ist ein Beratungs- und Präventionsangebot für Stuttgarter junge Erwachsene und Jugendliche, die sich Gedanken um ihre Internetnutzung machen oder einen problematischen Internetkonsum aufweisen. www.release-netzpause.de

- Beratungs- und Präventionsangebot real.life - Kompetenter Umgang mit Medien

# 4. KAPITEL – ZUSAMMENFASSUNG UND FAZIT

Abschließend gilt es nochmal zu betonen, dass der Umgang mit digitalen Medien nicht grundsätzlich verurteilt werden darf. Viel entscheidender ist eine präventive und frühzeitige Vermittlung eines achtsamen Umgangs mit digitalen Medien, der bereits in der Kleinkindzeit beginnt.

Was Eltern hier konkret für ihre Kinder tun können, zeigt dieses Buch durch viele praktische Anregungen auf. Insbesondere die elterliche Vorbildfunktion spielt dabei eine höchst bedeutende Rolle und darf nicht unterschätzt werden. Bereits Kleinkinder und KiTa-Kinder brauchen Eltern, die sie vor einem zu hohen Konsum an digitalen Medien schützen.

In dieser Phase besteht in jedem Fall die Möglichkeit andere Angebote zu schaffen, welche die kindliche Entwicklung in umfassenderem Maße fördern können.

Eine herausragende Rolle für einen achtsamen Umgang mit digitalen Medien spielt die Entwicklungsphase von ca. 6 bis 12 Jahren, in welcher Kinder offen und bereit für eine kritische Auseinandersetzung mit Risiken und Gefahren von digitalen Medien sind.

Im Jugendalter können Eltern ihre Kinder weiterhin konsequent und bestimmt dabei begleiten. Ganz besonders wichtig ist es in dieser Phase, immer wieder an Vereinbarungen zu erinnern und sich für Diskussionen auf Augenhöhe zu öffnen. So gelingt es Eltern mit ihrem Kind in Beziehung zu bleiben und individuelle Lösungen für das Kind zu finden. Unabhängig von welcher der Entwicklungsphase sollten digitale Medien lediglich eine wertvolle Ergänzung sein – und kein Ersatz für ein abwechslungsreiches Freizeitangebot.

Besonders wichtig ist es, Kindern vorzuleben, welche Wege es gibt mit Gefühlen umzugehen. So verhindern Eltern, dass ihre Kinder die Nutzung von digitalen Medien als Kompensationsstrategie für den Umgang mit negativen Gefühlen einsetzen.

Einfühlübungen, wie sich Kinder nach dem Medienkonsum fühlen und welche Auswirkungen ein exzessiver Medienkonsum haben kann, sind besonders wichtig, damit Kinder ins Spüren kommen. So ist die Wahrscheinlichkeit höher, dass Kinder selbst wahrnehmen, wann ein gesundes Maß überschritten wird.

Ebenso bedeutend ist es, Medien bewusst auszuwählen und mit Kindern im Gespräch über Inhalte digitaler Medien zu bleiben. So gelingt es Eltern, den Bezug zu ihren Kindern nicht zu verlieren und am digitalen Leben ihrer Kinder teilzuhaben.

Hierzu gehört auch, Kinder und ihr Verhalten nach der Mediennutzung genau zu beobachten, um bei Auffälligkeiten im kindlichen Verhalten neue Wege für das Kind zu finden. Die praktischen Anregungen in diesem Buch sind natürlich nur Ideen und Vorschläge. Wichtig ist, dass Eltern immer den Blick auf die Bedürfnisse des Kindes richten und eigenverantwortliche Entscheidungen treffen, die das Kind beim Umgang mit digitalen Medien unterstützen.

Wir hoffen, dass dir die Informationen und Anregungen in diesem Handbuch helfen, deinem Kind Medienkompetenz zu vermitteln und gemeinsame Wege mit Geduld, Freude und Interesse zu finden. Möglicherweise hast du aber noch Anmerkungen, Unsicherheiten oder in der Auseinandersetzung mit den Inhalten sind neue Fragen aufgetaucht?

Dann wende dich gern jederzeit an unsere professionelle **Online-Beratung auf:**

## www.elternleben.de

Hier beraten wir dich kostenlos und individuell zu allen Themen rund ums Elternsein.

# Wir empfehlen weitere HANDBÜCHER von ElternLeben.de zu den Themen:

## LIEBEVOLL GRENZEN SETZEN

### Für Eltern von Kindern zwischen 1 und 5 Jahren

Ich will aber! Brauchen Kinder Grenzen? Im Alltag sind Eltern oft hin- und hergerissen zwischen den Meinungen der Erziehungsratgeber, die unterschiedliche Ansätze vertreten. Zwischen diesen beiden Extremen: „Lass dein Kind doch machen, lass es sich frei entfalten" und „Kinder brauchen klare Strukturen und Strafe muss sein", gilt es als Eltern einen gangbaren, gesunden Weg zu finden. Dieses Handbuch bietet Orientierung und gibt Eltern praktische Tipps und Impulse.

**Erhältlich bei www.tredition.de / www.elternleben.de oder im Handel / ISBN 978-3-347-01500-5 / Seiten: 52**

## LIEBE UND RIVALITÄT UNTER GESCHWISTERN

## Was Eltern tun können, um die Geschwisterbeziehung zu stärken

Geschwister leben mit gemeinsamen familiären Werten, Erfahrungen und Traditionen. Die Geschwisterbeziehung ist die längste zwischenmenschliche Bindung im Lebenslauf eines Menschen. Was tun, wenn Geschwister ständig streiten? Was ist der Unterschied zwischen natürlicher und unnatürlicher Rivalität? Lieblingskind oder schwarzes Schaf?

Erhältlich bei www.tredition.de / www.elternleben.de oder im Handel ISBN 978-3-347-02385-7 / Seiten: 88

# EINSCHULUNG

## Das Einschul-ABC für einen guten Schulstart

Das **Einschul-ABC** gibt dir einen Einblick in Schulthemen von **A – Z**. Einige Kapitel sind kurz und knackig und andere etwas ausführlicher. So erfährst du z.B. unter **N – wie Noten**, ob es Noten geben sollte oder nicht, wie Kinder zu Noten stehen oder was Noten eigentlich aussagen. **Unter U – wie Unterricht** wird erklärt, wie dieser generell gestaltet wird und welche Umstellung vom Kitaalltag dies für dein Kind ist. Dieser nützliche und praktische Wegweiser bietet dir viele Anregungen.

**Erhältlich bei www.tredition.de / www.elternleben.de oder im Handel / ISBN 978-3-7497-3892-2 / Seiten: 68**

## GLÜCKLICHE BEZIEHUNG

## Wie Eltern ihre Partnerschaft pflegen und verbessern können

Die Partnerschaft kommt bei Eltern oft einfach zu kurz. Der Alltagsstress und die riesige Verantwortung, die Mütter und Väter für ihre Kinder haben, führen dazu, dass sie sich oft nur noch im „Überlebens-Modus" befinden und den Blick füreinander verlieren. Dieses Handbuch gibt Anregungen, Übungen und praktische Tipps, wie es Eltern gelingen kann, wieder in einen liebevollen und zugewandten „Miteinander-Modus" zu kommen und diesen als Paar zu pflegen.

**Erhältlich bei www.tredtion.de / www.elternleben.de oder im Handel ISBN 978-3-347-03810-3 / Seiten: 56**

# MEIN KIND KOMMT IN DIE KITA

## Für einen guten Kita-Start

Euer Kind soll in einer Krippe oder in einem Kindergarten betreut werden? Mit dieser Entscheidung beginnt ein neuer Familienabschnitt. Mütter und Väter haben viele Fragen zu diesem neuen Lebensabschnitt: Wie finde ich die passende Kita? Wie funktioniert die Eingewöhnung? Für welches pädagogische Konzept soll ich mich entscheiden? Was braucht mein Kind in der Kita? Der Eintritt in die Kita-Zeit soll Eltern und Kindern gut gelingen.

Erhältlich bei www.tredition.de / www.elternleben.de oder im Handel
ISBN 978-3-7497-3535-8 / Seiten: 76

Zeitfracht Medien GmbH
Ferdinand-Jühlke-Straße 7
99095 Erfurt, Deutschland
produktsicherheit@kolibri360.de